Recueil de
Chansons lorraines

8° Ye
2622

AUX DAMES

ET DEMOISELLES PATRIOTES
DE LA VILLE DE NANCY,

Qui ont fait faire un Drapeau à Messieurs les Volontaires de leur District.

CHANSON

Sur l'Air : De la Fête des bonnes Gens.

LA Patrie nous appelle
dans les champs de l'honneur ;
en vous quittant pour elle
nous faisons votre bonheur ;
si Mars nous est propice,
nos Lauriers seront à vous ;
qu'un même lien nous unisse ;
tout tombera sous nos coups. } Bis.

Nous marchons à la gloire,
guidés par la beauté,
certains de la victoire,
à nous est la Liberté ;

mais en vain la tyrannie
voudroit bien frapper fur nous;
fi le même cœur nous lie
tout tombera fous nos coups. } *Bis.*

C'eft en vain qu'à vous plaire
il eft des cœurs constans,
s'ils ne font *Volontaires*,
ils perdent vos fentimens;
Vous jurez à la Patrie
qu'ils devienderont vos Epoux;
ils expoferont leur vie
en combattant avec nous. } *Bis.*

Oriflamme Civique
témoin de notre ardeur,
d'un Maître defpotique
fois toujours le Vainqueur;
par un Prélat fi fenfible
tu reçois tous nos fermens;
& tu nous rends invincibles
en combattant les Tyrans. } *Bis.*

F I N.

PAR UN VOLONTAIRE.

CHANSON

A l'occasion d'une Lotterie tirée dans la Maison des Missions Royales de Nancy, en présence du ROI & de MESDAMES DE FRANCE.

SUR L'AIR : *Ingrat Berger qu'est devenu, &c.*

VEUT-ON s'instruire en s'amusant
 J'ouvre une Lotterie ;
Esprit, Beauté, Naissance, Rang,
 Tout est lot dans la vie.
Ce n'est point l'aveugle destin
 Qui des humains se joue,
C'est du Ciel en secret la main
 Qui fait tourner la Roue

❦

Pour un État, quel Lot, qu'un Roi
 Bienfaisant, juste, & sage !
Qu'un Peuple est heureux sous sa Loi !
 Il est de Dieu l'Image.
Sur tous les cœurs de ses Sujets
 Il étend son domaine ;
Peut-on méconnoître à ces traits
 Le Lot de la Lorraine ?

❦

Un grand Monarque renommé
>Dans la Paix, dans la Guerre ;
Sous le beau Nom de BIEN-AIMÉ,
>Cher à toute la Terre ;
Un Prince de qui la bonté
>Fait aimer la Puissance ;
Pere tendre, Roi respecté ;
>C'est le Lot de la France.

Une REINE dont les vertus
>Ornent le Diadême,
Dont le mérite est au-dessus
>Des Rangs, du Trône même ;
Du Roi, qui fait notre bonheur
>Auguste & tendre Fille ;
De sa Cour l'exemple & l'honneur ;
>Quel Lot pour sa Famille !

Un DAUPHIN, qui, de nos Neveux,
    Doit combler l'espèrance ;
Une Épouse au gré de ses vœux,
    Et des vœux de la France ;
Objets, comme eux, de notre amour,
    Trois PRINCES adorables,
Pour les François, pour Nous, un jour,
    Quels Lots inestimables !

Chacun à son Lot ici bas ;
    Heureux qui dans la vie,
Auroit l'esprit & les appas
    De LOUISE ET SOPHIE!
Si l'on rèserve au plus beau Sang
    Les plus belles Couronnes,
Si les vertus règlent le Rang
    Leurs Lots seront deux Trônes.

PRINCESSES, dont les ris, les jeux,
 La dècence, les graces,
Avec tous les cœurs & les vœux,
 Suivent toujours les traces ;
Que dans les tranſports les plus doux,
 A nos chants tout réponde !
Vous voir en ces lieux, c'eſt pour Nous
 Le plus beau Lot du monde.

Votre séjour en ces climats
 Met tout un Peuple en fête ;
Partout où vous portez vos pas,
 C'eſt nouvelle conquête ;
Jouïſſez de notre bonheur ;
 Tout ici le reſpire ;
Le Trône, ce Lot ſi flatteur
 Des cœurs vaut-il l'empire ?

CHANSON

Au sujet du voyage de MESDAMES DE FRANCE, *aux Eaux de Plombieres.*

SUR L'AIR : *Sortez de vos Retraites, &c.*

SOUS l'air de deux PRINCESSES
  Dont on chèrit les noms,
Deux aimables DÈESSES
  Habitent nos cantons ;
On fait qui les attire
  Sur nos rians côteaux,
Plombieres, l'on admire
  La vertu de tes Eaux.

Source vive & féconde
  Avec quelle fierté,
Je vois couler ton onde,
  D'où jaillit la fanté ;
Mais Nymphe fois moins vaine,
  Malgré tous tes appas
On ne vient en Lorraine
  Que pour voir STANISLAS.

Que ce ROI qu'on adore
  Goûte de doux plaisirs !
Que manque-t-il encore
  A ses tendres desirs ?
VICTOIRE, ADELAIDE,
  Fixez-vous en ces lieux ;
Si son cœur en décide,
  Vous comblerez nos vœux.

※❊※

MESDAMES, ces rivages
  Attendoient vos regards ;
Voyez tous ces ouvrages
  Du génie & des arts ;
Au sein de nos murailles
  Daignez porter vos pas ;
Avec Vous, tout Versailles
  Se trouve en ces climats.

※❊※

Voilà ce * Roi si juste
  Et si cher aux François,
De sa Personne Auguste
  Nous contemplons les traits ;
Il règne en tendre Pere,
  Sur ses Peuples soumis ;
S'il montre un front sèvère,
  C'est à nos Ennemis.

* La Statue de Louis XV. au milieu de la Place Royale.

Ici, de l'Alliance
  S'èleve un monument ;
Là, cette Place * immense
  Attend un ornement ;
Nous y voulions l'Image
  De notre Souverain,
Mais son cœur la menage
  Pour celle du DAUPHIN.

* La Place de la Villeneuve.

DIALOGUE
ENTRE DES BERGERS.

Sur l'Air : *La bonne avanture au gué*, &c.

Thircis. Berger prens ton chalumeau
Et moi ma musette,
Chantons sur l'air le plus beau
La nouvelle fête ;
Ah ! que dans cette saison
Cher Damis il feroit bon,
Aux Eaux de Plombiere au gué,
Aux Eaux de Plombiere.

Damis. Quelle envie a pris soudain
Aux DAMES DE FRANCE !
Rendons grace au Médecin
De son Ordonnance ;
Bien a fait de conseiller
A ces PRINCESSES d'aller
Aux Eaux de Plombiere au gué,
Aux Eaux de Plombiere.

➤※⬅

Mais ces PRINCESSES pourtant   *Thircis.*
    N'ont pas l'air malade ;
Ce coloris èclatant
    Nous le perſuade ;
Ah ! C'eſt qu'on paſſe à prèſent
    Par Lunéville en allant
Aux Eaux de Plombiere au gué,
    Aux Eaux de Plombiere.

➤※⬅

ELLES s'ennuyoient, dit-on,   *Damis.*
    A cette fontaine ;
J'en devine la raiſon,
    Sans beaucoup de peine ;
C'eſt qu'elles ne voyoient pas
    A tout moment STANISLAS
Aux Eaux de Plombiere au gué,
    Aux Eaux de Plombiere.

(10)

>✕<

Thircis. Ce *ROI*, l'objet de nos vœux,
  Des Eaux n'a que faire,
Son tempèrament heureux
  Jamais ne s'altère ;
Mais pour ELLES ce bon Roi
  Sur sa tête iroit, je croi,
Aux Eaux de Plombiere au gué,
  Aux Eaux de Plombiere.

>✕<

Damis. Quand ces Dames de retour
  Aux bords de la Seine,
Reporteront à la Cour
  Une santé pleine,
Tiens, j'ose ici le gager
  Chacun voudra voyager
Aux Eaux de Plombiere au gué,
  Aux Eaux de Plombiere.

MESDAMES, si nos climats　　Thirci
Ont de quoi vous plaire ;
Si vous ne dédaignez pas
Cette Eau salutaire,
Puissiez-vous, mais par plaisir,
Chaque saison revenir
Aux Eaux de Plombiere au gué,
Aux Eaux de Plombiere.

Vû. Permis d'impr. Nancy ce 22 Août 1761.
DURIVAL.

A NANCY:

Chez HÆNER, Imprimeur ordinaire du Roi & de la Société Royale.

CHANSON
ANCIENNE,

Augmentée et embellie par Laurent, ci-devant Boucher à Vézelise, département de la Meurthe, actuellement habitant de la ville de Nancy, capitale de ce Département.

Adieu, ma charmante belle,
Ma petite Madelon,
Je m'en vais en garnison,
Tu recevras de mes nouvelles,
Je vais entrer dans les dragons,
Sous les drapeaux de la Nation.

Ah ingrat ! tu m'abandonnes,
Après dix mille sermens ;
Toi qui m'a promis souvent,
Que je serais ta mignone,
Et dans un fatal moment,
Tu changes de sentiment.

Je me lasse trop, ma belle,
D'être au rang des fainéans ;
Ennuyé de ce tourment,
Je veux savoir l'exercice :
Il gît dans mon opinion,
Qu'il existe un NAPOLÉON.

Tu sais dans ta conscience,
Ce qui se passe entre nous,
Qu'un jour en plantant des choux,
J'eus pour toi la complaisance
De te prêter mon panier,
Garni de très-fin osier.

J'apprendrai à faire des armes,
De l'espadon et du fleuret,
Souffler sur le bassinet
S'il faut entrer en campagne ;
Et l'on verra un Etranger,
Empereur français couronné.

NAPOLÉON ce grand homme,
Comme jamais il n'en parut,
Par son esprit, force et vertu,
Commandera sur toute la terre ;
Et je veux sous son carquois,
Prendre part à ses exploits.

Papillon vends-moi tes aîles,
Et les attache à mon cœur,
Pour punir le vainqueur,
Et le cruel infidelle,
Qui a ravi mon honneur,
Par ses discours séducteurs.

Console-toi, Madeleine,
Tu me verras revenir
Capitaine ou Commandant,
Colonel ou Lieutenant;
Ah, quel bonheur pour ce poupon,
De servir NAPOLÉON!

Qui commandera la Pologne
Et soumettra la Hongrie,
La Prusse et l'Autriche aussi;
Et tu verras ce grand Homme,
Avant cela, je le prédis
Sera couronné Roi d'Italie.

Il prendra toutes les Espagnes,
Son Frère y sera couronné,
Le Portugal il commandera,
Tout son Peuple le chérira,
Et tu verras les Anglais
Vaincus et soumis à ses lois.

ALEXANDRE, NAPOLÉON,
Empereurs de grand renom,
Conciliés constamment,
Commanderont le Contiuent,
Et moi, je tremble de peur
Pour un petit Empereur.

Et d'après tant de victoires
Il pourra se reposer,
Les Guerriers du Champ de Mars,
Publieront ses grands hasards,
Ses Conseillers et un Régnier
Le couronneront de lauriers.

Eternel qui est aux cieux,
Préserve ses jours en tous lieux,
Où son étoile le conduira,
En tous les temps réussira,
Et dans les Champs élisés
Il sera donc éternisé.

Si toi, parque trop cruelle,
Voulait terminer ses jours,
Considère que ce grand Vainqueur,
Fait à l'Europe le vrai bonheur;
Que devenir à défaut,
De cet invincible Héros ?

F I N.

Un Cromwel sur le trône est monté,
Sa cruauté et ses grands forfaits
L'ont totalement souillé,
NAPOLÉON ne l'a point imité,
Par sa clémence nous l'a toujours prouvé.
Un BARAS nous en a fait cadeau;
Un TALIEN, un BOULAY, et un SOLDAT-FRANÇAIS,
L'ont aidé à monter un assaut :
Ce qui doit être observé
Etre à la hauteur des miracles des temps passés.
Par ses exploits, sur la terre et sur l'onde,
En parcourant cette machine ronde,
Aura cueilli cent fois plus de lauriers,
Que le Mont-Ténérif en eut jamais produit.
Chérissons ce Monarque, dévouons lui nos cœurs,
Qui fera à l'Europe son éternel bonheur;
Lorsqu'il sera placé dans les Champs élisés,
Ce sera le second des hommes que Socrate aura trouvé.

Les mortels sont égaux,
Ce n'est point la naissance,
C'est la seule vertu,
Qui fait leur différence.

D'après tant de hauts faits,
De triomphe et de gloire,
Mille écus.... mille écus à l'auteur,
Ne feraient tout au plus
Que cinq sous par victoire.

Quiconque veut profiter
De mon raisonnement,
Coulera des jours heureux,
Et finira content.

    Par LAURENT,
    âgé de 69 ans,

Qui désire vivre et mourir sous les lois de NAPOLÉON, EMPEREUR des Français, souhaitant le voir une fois.

CHANSON

Faite à METZ, en réjouissance de la fermeture ordonnée par le Directoire exécutif du cercle prétendu constitutionnel, et de la prohibition du journal dit des bons Amis, rédigé à METZ par PIROLE.

Sur l'air : *O filii et filiæ.*

O FRANÇAIS, réjouissons-nous !
Enfin le diable a le dessous,
Les BONS AMIS sont à quia. — *Alleluia.*

Les royalistes sont vaincus,
Les anarchistes sont tondus,
Et la loi seule régnera. *Alleluia.*

PIROLE en vain calomnia ;
DELATRE en vain supplicia ;
Aucun d'entre eux ne chantera : *Alleluia.*

Ni TROTEBAS, le niveleur ;
Ni DUPLEIT, l'ex-prédicateur ;
Ni toi, BARTHELEMY, scriba. *Alleluia.*

Le bon peuple, qui s'égara,
Que chacun de vous enivra,
A notre exemple chantera : *Alleluia.*

A

Plus d'HONNORÉ, plus d'ignorant ;
Plus de LAMARLE et d'impudent ;
A bas l'ivrogne *et cœtera*. *Alleluia.*

Si les meneurs et les partis
Sont à jamais anéantis,
La confiance renaîtra. *Alleluia.*

Couplets ajoutés à Paris.

PIROLE, calomniateur,
D'un journal le vil rédacteur,
A vu mettre sa presse à bas. *Alleluia.*

Ces terroristes menaçoient,
Injurioient et dénonçoient,
Croyant que d'eux on faisoit cas. *Alleluia.*

Les injurians, menaçans,
Pour leur intérêt dénonçans,
Amis de l'ordre ne sont pas. *Alleluia.*

La terreur n'est pas de saison ;
On ne veut que paix, union :
C'est pour l'avoir qu'on les abat. *Alleluia.*

Il faut purger la République
De cette secte frénétique,
Sinon elle la détruira. *Alleluia.*

Après cette purgation,
Nous vivrons tous en union,
Joyeusement on chantera : *Alleluia.*

La terreur ne reviendra pas ;
Une loi la prohibera ;
Le directeur la maintiendra. *Alleluia.*

L'anarchiste, le royaliste,
Le jacobin, le baboeuviste,
De sa sotte erreur reviendra.　　*Alleluia.*

Ainsi l'on aura liberté,
Des propriétés sûreté;
Aucun pour soi ne tremblera.　　*Alleluia.*

Alors la FRANCE fleurira,
Aucun son sol ne quittera,
Et l'étranger s'y fixera.　　*Alleluia.*

En vivant en bonne union,
Nous vaincrons l'infame Albion,
Le FRANÇAIS en choeur chantera :　　*Alleluia.*

COUPLETS

A l'occasion de la Fédération des GARDES-NATIONALES réunies le 24. Mai 1790 sur un des Côteaux de la Ville de BAR-LE-DUC.

Air : *Le Carillon de Dunkerque.*

1.

En ces lieux on respire
L'air de la Liberté,
Ce côteau nous inspire
La plus vive gaieté.
Par le serment civique,
Français, unissons-nous;
Au pouvoir tyrannique
Portons les derniers coups :
Dégagés de nos fers,
Aux yeux de l'Univers ;
Prêtons le sur nos Armes,
Sous la voute des Cieux,
Ce serment plein de Charmes,
En présence des Dieux.

Pour les Couplets suivans, on reprend l'Air au cinquieme vers du premier Couplet.

2.

Jurons à la Patrie
De maintenir la Loi,
Consacrons notre vie
A Louis ce bon Roi.

Aux pieds de cet Autel,
Devant l'Être éternel,
Prêtons le sur nos armes,
Sous la voûte des cieux,
En ce jour plein de charmes,
Ce serment glorieux.

3.

Par des cris d'allégresse
Signalons nos sermens,
Que la plus douce ivresse
S'empare de nos sens !
De l'union des cœurs
Éprouvant les douceurs,
Français, chantons ensemble,
Dans ce commun transport,
Le nœud qui nous rassemble,
Et cet heureux accord.

4.

Alliance éternelle,
Parfaite égalité,
Union fraternelle,
Aimable Liberté !
Noms chéris à jamais
De tous les bons Français ;
Du vrai patriotisme
Le signal & l'espoir,
Et du vain despotisme
L'éternel désespoir.

Par M. H..

FIN.

COUPLETS

Aux Gardes-Nationales assemblées pour la Fédération à Bar-le-Duc, le 24. Mai 1790.

Air: *Du Vaudeville de La double Épreuve.*

1.

Aujourd'hui l'allégresse
Répand dans BAR ses douceurs,
Une charmante ivresse
Y Regne dans tous les cœurs.
Chaque Citoyen apprête
Bonne chere, excellents vins:
C'est par ce que c'est la Fête,
La Fête des Barisiens. } *Bis.*

2.

Pour protéger la France
Nous venons de nous unir,
Et c'est l'indépendance
Qui cause notre plaisir.
Liberté, douce conquête,
Quand c'est toi que l'on obtient,
Ah! ce doit être la Fête,
La Fête des Barisiens. } *Bis.*

3

Ce ferment nous allie
Grand nombre de bons Amis
Que l'aristocratie
N'apperçoit pas fans foucis.
Nous, pour faire mine honnête
A ces braves Citoyens,
Nous disons que c'eft la Fête, ⎫
La Fête des Barisiens. ⎭ *Bis.*

4

Amis de Meurthe & Meuse,
De Mozelle & Marne auffi,
Notre Ville est heureuse
Tant que vous êtes ici.
Et s'il vous venoit en tête
D'y refter pour notre bien,
Ce feroit toujours la Fête, ⎫
La Fête des Barisiens. ⎭ *Bis.*

Par M. L...

COUPLETS

AUX

VAINQUEURS DU NORD,

Chantés à Nancy, au retour de la Grande-Armée, à son passage dans cette Ville.

AIR : *du petit Matelot.*

Dignes héros dont la victoire
Seconda les talens guerriers,
Des prodiges de votre gloire,
Venez embélir nos foyers.   (*bis*).
Immortel honneur de la France,
A l'acpect de vos fronts vainqueurs,
L'hymne de la reconnaissance
Va retentir dans tous les cœurs.   (*bis*).

L'Europe admire les merveilles
Qu'enfanta le Nord sous vos pas :
La nature céde à vos veilles
Et change l'ordre des climats.   (*bis*).
L'Elbe et l'Oder ont vu leurs rives
S'orner des rameaux du Palmier,
Et, dans Tilsit, vos mains actives
Au Niemen donnent l'Olivier.   (*bis*).

(2)

Chantons ce Prince, le modèle
Des Législateurs et des Rois !
Sa voix près de lui vous rappelle
Pour voler à d'autres exploits.   (*bis*).
Que nos concerts soient le présage
Du triomphe qui vous attend,
Quand d'Albion votre courage
Brisera l'orgueilleux trident.   (*bis*).

Mais, laissons les chants de Tyrthée
Pour toucher le Luth du plaisir.
Du présent notre ame enchantée
Ne lira point dans l'avenir.   (*bis*).
Guerriers, que ces fêtes publiques
Vous montrent nos cœurs tout entiers
Et que nos guirlandes civiques
S'entrelâcent à vos lauriers !   (*bis*).

Vous allez voir la France entière
Sur vos traces semer des fleurs :
Que Nancy cueille la première
Pour l'offrir à ses défenseurs !   (*bis*).
Puisse l'empressement, le zèle
De ses Magistrats-citoyens
Prouver que leur Cité fidèle
Chérit son Prince et ses Soutiens !   (*bis*).

AUTRES

POUR LE MÊME SUJET.

Air : du Pas redoublé de l'Infanterie.

CONTEMPLEZ ces vaillans guerriers,
 Enfans de la victoire,
Joignant le plaisir aux lauriers,
 Et l'amour à la gloire.
En guerre, ils ne ménagent rien,
 Ardeur, prudence, adresse,
Et servent également bien
 Leur Prince et leur maîtresse.

◆

LORRAINS, ils viennent dans nos murs;
 Signalons notre joie.
Qu'en vrais Français, en amis sûrs,
 Notre cœur se déploie!
A bien célébrer leur retour,
 Qu'à l'envi tout s'empresse!
Et qu'on n'entende dans ce jour
 Que des chants d'alégresse.

◆

FAISONS pour eux couler les flots
 Du nectar de la table.
Bacchus va remplir nos tonneaux
 De son jus délectable :
Prodiguons-le donc aujourd'hui,
 A leurs vertus guerrières.
Et nous verserons avec lui
 L'amitié dans nos verres.

◆

Ce n'est plus chez nous ces lions
Qu'on vit dans les batailles,
Tous autant de NAPOLÉONS,
Assaillir cent murailles;
Dans nos remparts, gais, bons amis,
Français, toujours aimables,
Ce n'est qu'avec nos ennemis,
Qu'ils sont inéxorables.

BRAVES guerriers, venez saisir,
Au milieu de ces Fêtes
Quelques roses dont le plaisir
Veut couronner vos têtes ;
Et si, pour des exploits nouveaux,
Vous courez à la guerre,
Notre cœur suivra ses héros,
Jusqu'au bout de la terre.

VERSONS toujours, en attendant,
Le doux jus de la treille.
Un brave est toujours plus vaillant
Armé d'une bouteille.
De nos héros portons le nom
Au temple de mémoire.
Quand on boit à NAPOLÉON,
C'est s'énivrer de gloire.

A NANCY,
De l'Imprimerie de J.-R. VIGNEULLE, rue J.-J.
Rousseau, n.º 176.

COUPLETS
CHANTÉS
PAR M. CONSTANTIN MIQUE,

OFFICIER DANS LA GARDE NATIONALE,

Au Banquet donné par cette Garde et la Garnison de Nancy, à Son Altesse Royale MONSIEUR.

Air de Lantara.

Plus de chagrin, plus de tristesse,
Ecoutons la voix du plaisir,
Témoignons par notre alégresse
Tout ce que nous savons sentir :
Nous possédons le véritable,
Le noble héritier des BOURBONS !
Quel bonheur serait comparable
Au bonheur dont nous jouissons ?   (*bis.*)

C'est le vrai sang de Henri quatre,
C'est le vrai sang de Stanislas ;
Aucun revers n'a pu l'abattre,
La bienfaisance suit ses pas !
Ne sommes-nous pas sa famille ?
Pour nous est-il plus doux lien ?
Il prend les cœurs de notre Ville,
Mais il nous laissera le sien.   (*bis.*)

L'âge d'or pour nous va renaître
De Louis recevant les lois ;
Puisse ne jamais disparaître
Le jour du retour de nos Rois.
Livrons-nous à notre tendresse,
Amis, unissons tous nos voix,
Chantons et répétons sans cesse
Vive le plus chéri des Rois.   (*bis.*)

A NANCY,

Chez GUIVARD, Imprimeur, place Carrière,
n.° 21.

COUPLETS
DE TABLE,

À l'honneur des Braves de la Grande-Armée, lors de leur passage à Nancy,

Chantés par la Garde-d'Honneur.

Air : *malgré la Bataille.*

Malgré les entraves
Du plus court refrain,
Au banquet des Braves
Célébrons le Vin ;
Enfans de la gloire
Ici rassemblés,
Ne songeons qu'à boire
A coups redoublés.

Chantons la Concorde
Qui sait nous unir,
Que ma voix s'accorde
Au ton du plaisir ;
Que le cimeterre,
Jouet des amours,
Laisse en paix la Terre,
Au moins quelques jours.

L'éclat du tonnerre
Est-il suspendu ?

Que celui du verre
Soit seul entendu ;
Faisons du Champagne
Sauter le bouchon,
Gardons pour l'Espagne
Le bruit du canon,

Momus se signale
Tout près de ces lieux,
Il ouvre la salle
Des ris et des jeux ;
Therpsicore invite
Nos braves Guerriers,
A joindre au plus vite,
Le myrthe aux lauriers.

Le temps trop rapide
Vous entraine hélas !
Des jardins d'Armide
Au feu des combats ;
La trompette sonne,
Volez à l'honneur,
Qu'un jour vous couronne
Le Dieu du bonheur.

Par un Garde-d'Honneur de la ville de Nancy.

A NANCY,

De l'Imprimerie de C. Thiébaut, rue S.t-Dizier, n.° 157

COUPLETS

Pour le passage de S. A. R. MONSIEUR,

Dans la Ville de Nancy.

Sur l'air du Bouclier (de Lamparelli.)

FILS de Henri, dans notre souvenir
Où te grava la douce bienfaisance,
  En ce jour tu dois recueillir
  Des trésors de reconnaissance:
Ta voix naguère, au sein de nos douleurs,
  De ces murs bannit la souffrance,
  Tu rendis les lys à la France   ⎫
  Et l'espoir jaillit dans nos cœurs. ⎬ *Bis.*

Nous reverrons ce siècle de Henri,
Ces jours tissus de bonheur et de gloire;
  Un monarque à jamais chéri
  En fait revivre la mémoire.

Il n'aura point à craindre de ligueurs,
Ce bon Roi que le ciel nous donne!
Avant de porter la couronne,
Il régnait déjà sur nos cœurs.

Dispensateur de ses justes bienfaits,
A ces climats qu'ont effrayés les armes,
Charles montre encore un Français,
Et tarit les dernières larmes :
Devant ses pas, la discorde, l'erreur
Ont fui comme l'ombre légère,
Et désormais la France entière,
Pour le chérir n'a plus qu'un cœur.

Sur l'océan du paisible avenir,
Voguons, amis, sans craindre le naufrage,
Les lys, l'honneur et le plaisir
Feront tous les frais du voyage :
Et si par fois le souffle du malheur
Agite la frêle nacelle,
Charle à tout Français qui chancelle,
Pour appui présente son cœur. (*)

(*) Mot de MONSIEUR à un Garde national de Lyon.

Prince chéri, d'un long temps de malheurs,
Grace à tes soins, le souvenir s'envole;
 Et nous aimons jusqu'à nos pleurs
 Près de la main qui nous console.
Oui, bien souvent, même au sein du bonheur,
 Nous regretterons la souffrance,
 Si, pour mériter ta présence,
 Seule elle a des droits sur ton cœur.

www.ingramcontent.com/pod-product-compliance
Lightning Source LLC
Chambersburg PA
CBHW060507050426
42451CB00009B/856